Naiem Ahmadinejadfarsangi

Dans les bras de Dieu

Naiem Ahmadinejadfarsangi

Dans les bras de Dieu

Éditions Muse

Imprint

Cover image: www.ingimage.com

Publisher:
Éditions Muse
is a trademark of
Dodo Books Indian Ocean Ltd. and OmniScriptum S.R.L publishing group

120 High Road, East Finchley, London, N2 9ED, United Kingdom
Str. Armeneasca 28/1, office 1, Chisinau MD-2012, Republic of Moldova, Europe
Printed at: see last page
ISBN: 978-620-4-96581-9

dans les bras de Dieu

Naiem Ahmadinejadfarsangi

Table of Contents

Pendant la période glaciaire, de nombreux animaux ont gelé et sont morts.

On dit que les hérissons ont réalisé la gravité de la situation et ont décidé de se rassembler et ainsi de se protéger.

Lorsqu'ils étaient plus proches l'un de l'autre, ils avaient plus chaud ; Mais leurs épines se sont blessées. C'est pourquoi ils ont décidé de rester loin l'un de l'autre, mais ils mouraient de froid.

Par conséquent, ils devaient soit endurer les épines de leurs amis, soit leur génération s'éteindrait. Alors ils ont réalisé qu'il valait mieux revenir se retrouver et ont appris à vivre avec la petite blessure que crée la cohabitation avec des personnes très proches, car la chaleur de l'existence de l'autre est plus importante.

C'est ainsi qu'ils ont réussi à survivre.

La meilleure relation n'est pas qu'elle rassemble des personnes parfaites, mais c'est que tout le monde a un lien de cœur profond avec l'autre et que cette personne apprend à gérer les défauts des autres et à admirer leurs bonnes qualités.

La vieille femme a vu Dieu dans un rêve avec piété et lui a dit : Dieu, je suis très seul, veux-tu être un hôte dans ma maison ?

Dieu a accepté et lui a dit qu'il viendrait le voir demain.

La vieille femme se réveilla, se hâta de balayer la maison. Il est allé acheter du pain frais et a cuisiné les plats les plus délicieux qu'il connaissait. Puis il s'assit et attendit.

Quelques minutes plus tard, on frappa à la porte. La vieille femme se précipita vers la porte et l'ouvrit. Derrière la porte se trouvait un pauvre vieil homme. Le vieil homme lui a demandé de lui donner de la nourriture. La vieille femme a crié avec colère au pauvre homme et a fermé la porte.

Une demi-heure plus tard, on frappa à la porte. La vieille femme rouvrit la porte. Cette fois, l'enfant qui tremblait de froid lui demanda de le mettre à l'abri du froid. La vieille femme ferma tristement la porte et rentra chez elle en grommelant.

Le soir, il y eut un autre bruit dans la maison. Cette fois, la vieille femme était sûre que Dieu était venu, alors elle courut précipitamment à la porte. Il ouvrit la porte, mais cette fois il y avait une pauvre femme derrière la porte. La femme lui a demandé de l'argent pour acheter de la nourriture pour ses enfants affamés. La vieille femme, très en colère, a crié et a repoussé la pauvre femme.

Il faisait nuit mais Dieu n'est pas venu. La vieille femme fut déçue et s'endormit et revit Dieu dans son rêve.

La vieille femme dit tristement à Dieu : « Dieu, n'as-tu pas promis que tu viendrais me voir aujourd'hui ?

Dieu répondit : Oui, mais je suis venu trois fois chez toi et tu m'as fermé la porte trois fois !

C'était la nuit de Noël et il faisait froid et neigeux.

Le garçon, tout en déplaçant ses pieds nus sur la neige pour que le froid de la neige sur le sol du trottoir le dérangeait moins, appuya son visage contre la vitre froide du magasin et regarda à l'intérieur.

Quelque chose ondula dans son regard, comme s'il demandait à Dieu ce qu'il n'avait pas.

La femme qui était sur le point d'entrer dans le magasin s'arrêta un peu et regarda le garçon qui était perdu de vue, puis entra dans le magasin. Quelques minutes plus tard, il est sorti avec une paire de chaussures dans les mains et a dit : Hey, Mr. Boy !

Le garçon se tourna et alla vers la dame. Ses yeux pétillaient.

Quand la dame lui a donné les chaussures. Le garçon demanda avec ses yeux joyeux et sa voix tremblante : « Es-tu Dieu ?

- Non, mon fils, je ne suis qu'un des serviteurs de Dieu.

- Ah, je savais que tu avais une relation avec Dieu.

Oui, mes amis, selon les mots de Zoroastrien :

La personne la plus heureuse est celle qui essaie le plus de rendre les autres heureux.

Un jour, un père de famille du village et son fils de quinze ans entrent dans un centre commercial.

Le garçon remarque les deux murs argentés brillants qui ont été séparés par glissement puis recollés, il demande à son père, qu'est-ce que c'est ?

Le père, qui n'a jamais vu d'ascenseur de sa vie, dit : "Fils, je n'ai jamais rien vu de tel et je ne sais pas."

En même temps, ils voient une femme très grosse qui s'est approchée de ce mur d'argent avec son fauteuil roulant et a appuyé quelque chose sur le mur avec son doigt, et le mur brillant s'est séparé, et cette femme s'est forcée dans une pièce, le mur fermé, Père et fils, leurs yeux tombèrent tous les deux sur les chiffres en haut de l'ascenseur qui partaient de un et montaient graduellement jusqu'à trente.

Ils ont tous deux regardé avec étonnement quand soudain, ils ont vu les nombres s'inverser et diminuer rapidement jusqu'à ce qu'ils atteignent un, moment auquel le mur d'argent s'est ouvert, et à leur grand étonnement, ils ont vu une très belle et délicate fille de 24 ans aux cheveux dorés, moqueur Cette pièce était laissée.

Alors que le père ne pouvait détacher ses yeux de cette fille, il dit lentement à son fils : Mon fils, va vite et amène ta mère ici !!

Jim et Edward étaient des amis proches jusqu'à leur entrée sur le marché du travail. La différence est qu'Edward a travaillé dur et a gravi les échelons de la promotion un par un, mais Jim a juste mangé et dormi et s'est amusé.

Les années ont passé et Edward a atteint un point où il lui est devenu difficile et impossible de gravir les échelons de l'avancement.

Au même moment, il entendit la voix de Jim d'en haut, disant en riant : "Cher Edward, ne sois pas fatigué, mais souviens-toi qu'au 21ème siècle, pour réussir, au lieu de monter les escaliers, tu dois prendre le ascenseur." !

Paul avait reçu un trajet en voiture en cadeau de son frère. Le soir de l'Aïd, lorsque Paul est sorti de son bureau, il a remarqué un vilain garçon marchant autour de sa nouvelle voiture brillante et l'admirant.

Quand Paul a atteint la voiture, le garçon a demandé : Est-ce votre voiture, monsieur ?

Paul hocha la tête et dit : Mon frère me l'a donné en cadeau.

Le garçon fut surpris et dit : Tu veux dire que ton frère t'a donné cette voiture comme ça, sans payer un dinar pour ça ? Oh John, j'aimerais...

Bien sûr, Paul était bien conscient de ce que voulait le garçon. Il voulait souhaiter avoir un frère comme lui. Mais ce que le garçon a dit a profondément secoué Paul : J'aimerais être un frère comme lui.

Paul regarda le garçon, abasourdi, puis, dans une impulsion soudaine, dit : Voudriez-vous faire un tour ensemble en voiture ?

- Ah oui, j'aime bien.

Ils venaient juste de partir quand le garçon se tourna vers le pont et dit, les yeux brillants de bonheur : « Monsieur, puis-je s'il vous plaît aller chez nous ?

Paul sourit. Il comprenait bien ce que le garçon voulait dire. Il voulait montrer à ses voisins dans quelle voiture grande et élégante il était rentré. Mais Paul s'est encore trompé...

Le garçon dit : Ne t'inquiète pas, garde-le là où il y a deux marches.

Le garçon monta les escaliers en courant. Il ne fallut pas longtemps avant que Paul l'entende revenir, mais elle ne revenait pas vite. Il portait son petit frère paralysé sur son dos. Puis il le fit asseoir sur la marche du bas et lui montra la voiture : Ils sont là, Jimmy, tu vois ? C'est exactement ce que je vous ai expliqué plus haut.

... son frère lui a donné un Eid et il n'a pas payé un dinar pour cela. Un jour, je vous offrirai une voiture similaire en cadeau... Ensuite, vous pourrez regarder par vous-même et voir les belles choses dans les vitrines du Shab Eid, comme je vous l'explique toujours.

Tout en essuyant les larmes de ses yeux, Paul est sorti de la voiture et a mis le garçon sur le siège avant de la voiture. Le frère aîné était assis à côté de lui, les yeux brillants, et tous les trois ont fait un voyage inoubliable.

Tous ceux qui le voyaient baissaient inconsciemment la tête. Certaines personnes passaient à côté de lui sans même remarquer sa présence.

Il était assis dans un coin avec un visage brûlé par le soleil, des mains qui travaillaient et un regard bienveillant plongé dans son travail, comme s'ils avaient dressé un bouclier invisible entre lui et l'environnement. Ces regards agaçants, le bruit de la rue et le fort soleil d'août ne pénétraient pas l'atmosphère joyeuse qui l'entourait.

Quand je l'ai atteint, j'ai baissé la tête involontairement, ils n'étaient pas très vieux, mais une épaisse couche de poussière s'était déposée dessus.

Je me suis dit : si une brosse à chaussures est dessinée dessus, elles ne seront pas propres et brillantes. Trois minutes plus tard, mes chaussures étaient brillantes et les yeux du vieil homme brillaient.

Un jour, le patron d'une grande entreprise doit appeler le domicile d'un de ses employés suite à un problème de fond lié à l'un des principaux ordinateurs. Alors, il a pris son numéro de maison.

Un enfant a répondu au téléphone et a chuchoté : Bonjour

Le patron a demandé : est-ce que papa est à la maison ?

Une petite voix chuchotée dit : Oui

- Puis-je lui parler ?

L'enfant dit très lentement : Non

Le patron, qui était très surpris et voulait parler à un adulte dès que possible, a dit : Est-ce que ta mère est là ?

- Oui

- Puis-je lui parler ?

Une petite voix dit encore : Non

Espérant qu'il y ait quelqu'un d'autre là-bas qu'il puisse laisser au moins un message, le patron a demandé : Y a-t-il quelqu'un d'autre là-bas ?

"Oui, un policier," marmonna l'enfant.

Le patron, qui était confus au sujet de ce qu'un policier faisait dans la maison de son employé, a demandé : Puis-je parler au policier ?

L'enfant répondit très lentement : Non, il est occupé.

- Que fait-il?

L'enfant répondit à nouveau lentement : occupé à parler avec maman, papa et le pompier.

Le patron, qui était inquiet et même son inquiétude s'est transformée en déchirement lorsqu'il a entendu le bruit d'un hélicoptère de l'autre côté du téléphone, a demandé : Qu'est-ce qui se passe là-bas ?

L'enfant a répondu avec la même voix très basse qui était maintenant remplie de peur et de respect : Le groupe de recherche vient de descendre de l'hélicoptère.

Le chef, dont l'alarme résonnait à ses oreilles, inquiet et même un peu tremblant demanda : Que cherchent-ils ?

L'enfant, qui parlait toujours d'une voix très basse et chuchotée, répondit avec un petit rire : « Suis-moi.

Lorsque son ami a visé les petits moineaux avec un arc et des flèches, il a pensé qu'il était la personne la plus cruelle du monde.

Mais lorsqu'il a mis le premier morceau de viande d'oiseau grillé dans sa bouche, il a réfléchi un moment puis a dit : Peux-tu me prêter ton arc et tes flèches pendant quelques jours ?

Je lui ai offert une tasse de café.

Quand je l'ai regardé, mon cœur s'est enflammé.

Mais quand je me suis souvenu qu'il m'avait trompé pour que je m'épouse en promettant d'acheter une maison et une voiture, je me suis senti malade.

Il n'avait pas encore pris son café lorsqu'il a dit : "Préparez-vous, nous voulons aller quelque part."

Alors qu'il buvait du café, il m'a sorti un interrupteur de sa poche : j'ai signé son contrat aujourd'hui.

Allons chez le notaire pour que je puisse enregistrer la maison à ton nom.

Soudain, il s'écroula sur le canapé. J'ai réalisé que le cyanure avait fonctionné !!!

Un soir de pluie, le téléphone a sonné.

La femme a décroché le téléphone. De l'autre côté de la ligne, l'infirmière de sa fille l'a tristement informée de la forte fièvre et des frissons de sa petite fille.

La femme a raccroché le téléphone et s'est précipitée vers le parking, a démarré la voiture et s'est rendue à la pharmacie la plus proche pour obtenir les médicaments de sa petite fille.

Lorsqu'il est sorti de la pharmacie, il s'est rendu compte qu'il avait laissé la clé dans la voiture à cause de sa hâte.

La femme désemparée a appelé chez elle sur son téléphone portable. L'infirmière lui a dit que sa fille empirait à chaque instant. Il a dit à l'infirmière le courant de la clé de voiture. L'infirmière lui a dit d'essayer d'ouvrir la porte de la voiture avec une épingle.

La femme ouvrit rapidement son épingle à cheveux, regarda la porte et dit tristement : "Mais je ne sais pas comment utiliser ça."

Il commençait à faire noir et il pleuvait abondamment. Malgré son désespoir, la femme s'est agenouillée et a dit : Dieu, aide-moi.

A ce moment, un homme échevelé en vieux vêtements vint vers lui. La femme eut peur un instant lorsqu'elle vit le visage de l'homme et se dit : Grand Dieu, je t'ai demandé de l'aide, alors cet homme...

La femme était sans voix à cause de la peur, l'homme s'est approché d'elle et lui a dit : Mademoiselle, y a-t-il quelque chose qui ne va pas ?

La femme a répondu : Oui, ma fille est très malade et je dois rentrer à la maison le plus tôt possible, mais j'ai laissé la clé dans la voiture et je ne peux pas ouvrir la porte.

L'homme lui a demandé si elle avait une épingle à cheveux avec elle. Et la femme lui a immédiatement donné l'épingle à cheveux et l'homme a ouvert la portière de la voiture en quelques secondes.

La femme s'agenouilla de nouveau et dit à haute voix : Merci mon Dieu.

Puis il se tourna vers l'homme et lui dit : Merci monsieur, vous êtes un homme honorable.

L'homme tourna la tête et dit : Non madame, je ne suis pas un homme honorable. J'étais un voleur de voiture et je viens de sortir de prison aujourd'hui.

Dieu avait envoyé un voleur, un voleur professionnel, pour aider la femme.

La femme a donné à l'homme l'adresse de son entreprise et lui a demandé de lui rendre visite le lendemain.

Le lendemain, lorsque l'homme échevelé entra dans le bureau du président de l'entreprise, il ne pensait même pas qu'un jour il serait embauché comme chauffeur spécial dans cette grande entreprise.

En colère et bouleversé, le père a tenu les mains de la mère sur ses doigts et a dit : J'aimerais être à ta place...

Contrairement au père, la mère a souri et a dit : Quels sont ces mots, mec ? Les médecins font parfois des erreurs...

Rassurez-vous, contrairement au diagnostic des médecins qui disaient que vous ne vivez que six mois, je vivrai encore soixante ans.

Père dit d'un ton triste : S'il t'arrive quelque chose, je ne survivrai pas une seconde.

Le garçon de onze ans qui a entendu ces choses, bien qu'il était triste pour sa mère, mais il était heureux que son père soit fidèle...

Le garçon (qui vivait maintenant avec sa grand-mère) s'est assis devant l'image de la Mère de Dieu, aie pitié de lui et a dit: "Maman, papa était un menteur."

De l'autre côté de la ville, le père, qui s'était remarié deux jours seulement après le 40, était heureux avec sa nouvelle jeune épouse.

Un homme d'affaires avait planté différents types d'arbres, de plantes et de fleurs dans la cour de son palais et avait créé un très beau jardin. Chaque jour, son plus grand passe-temps était de se promener dans le jardin et de profiter de ses fleurs et de ses plantes.

Jusqu'au jour où il partit en voyage. A son retour, il visita son jardin à la première occasion. Mais quand il a vu là, il s'est desséché...

Tous les arbres et les plantes se desséchaient. Il se tourna vers le sapin, qui était très vert auparavant, et lui demanda : Que s'est-il passé ?

L'arbre lui répondit : Je regardais le pommier et je me suis dit que jamais je ne pourrai porter d'aussi beaux fruits comme elle, et à cette pensée je me suis senti si triste que j'ai commencé à me dessécher...

Le marchand s'est approché du pommier, mais il était aussi sec...!

Il a demandé la raison et le pommier a répondu : En regardant la rose et en sentant son odeur agréable, je me suis dit que je n'émettrais jamais une odeur aussi agréable et avec cette pensée j'ai commencé à me dessécher.

Comme le buisson d'une rose était également desséché, on lui en demanda la raison, il répondit : J'ai raté l'érable, car je ne peux pas fleurir en automne. J'ai donc été déçu de moi-même et j'ai soupiré. Dès que cette pensée m'a traversé l'esprit, j'ai commencé à me tarir.

En se promenant dans le jardin, l'homme a remarqué une très belle fleur poussant dans un coin du jardin.

Il demanda la raison de sa gaieté. La fleur répondit : D'abord, moi aussi j'ai commencé à me dessécher, car je n'ai jamais eu la grandeur du sapin qui gardait sa tête verte toute l'année, et je n'ai pas eu la tendresse et le parfum de la rose, me disais-je. : Si l'homme d'affaires, qui est si riche, puissant et sage et qui a si bien cultivé ce jardin, avait voulu cultiver autre chose à ma place, il l'aurait fait. Donc s'il m'a élevé, il a dû vouloir que j'existe. Alors à partir de ce moment j'ai décidé d'être le plus bel être possible.

Pendant la seconde guerre de Tchétchénie, l'armée russe occupa Grozny, le centre de la Tchétchénie. Des hommes armés antigouvernementaux tchétchènes ont attaqué les soldats russes de tous les coins, la bataille a été si intense que tous les bâtiments ont été détruits.

Un sous-lieutenant russe a découvert lors d'un appel téléphonique avec sa femme qu'il venait de devenir père. Alors qu'il passait devant un immeuble, il a entendu le bruit d'une fille qui pleurait et il pensait à sa fille qu'il n'avait pas encore rencontrée. Bien qu'il sache qu'il y a des dangers devant chaque bâtiment et chaque citoyen tchétchène, il a quand même ordonné à ses soldats de ne pas aller plus loin et de ne pas effrayer la jeune fille.

Il est personnellement allé au son. La fille avait environ six ans. On savait qu'il avait perdu ses parents lors du bombardement de l'armée russe, et la peur était visible sur son visage et ses yeux.

Le sous-lieutenant russe a sorti un paquet de chocolats de sa poche, le paquet qu'il avait trouvé en fouillant le magasin détruit à la recherche d'hommes armés tchétchènes. Cet officier russe voulait emporter ce paquet de chocolats en souvenir pour sa femme et sa fille. Mais il s'est rendu compte que la petite fille avait besoin de ces souvenirs maintenant plus que quiconque.

Le sous-lieutenant sourit et tendit le chocolat à la jeune fille et lui demanda gentiment son nom.

La fille avait peur de la guerre sanglante, et à cause de la peur et de la panique, elle a regardé le sous-lieutenant puis s'est précipitée dans un coin. Le sous-lieutenant s'avança avec un sourire et caressa le joli visage de la petite fille.

Il voulait donner le paquet de chocolat à la fille et partir là-bas; Mais la jeune fille a soudainement sorti un pistolet de son sac d'école et a habilement visé l'officier russe avec incrédulité et a appuyé sur la gâchette.

Lorsque les gens examinaient les objets laissés par ce sous-lieutenant, ils avaient en tête deux souvenirs inoubliables

Tout d'abord, le sourire paternel se voyait encore sur le visage de cet officier.

Deuxièmement, le paquet de chocolats était toujours dans sa main. Peut-être considérait-il la fille tchétchène comme sa fille avant sa mort.

L'amour paternel caché au fond de son âme et de son cœur lui a fait oublier un instant la guerre et ses souvenirs.

Un couple aspirait à avoir un enfant après des années de mariage. Ils avaient consulté tous ceux qu'ils pouvaient, mais il n'y avait aucun résultat, jusqu'à ce qu'ils se rendent chez le prêtre de leur ville.

Après avoir raconté leur problème au prêtre, celui-ci a répondu au couple : « Ne vous inquiétez pas, je suis sûr que Dieu a entendu vos prières et vous donnera bientôt un enfant. Cependant, j'ai l'intention d'aller à Rome et d'y rester un moment, je promets que lorsque j'irai au Vatican, j'allumerai certainement une bougie pour répondre à vos prières.

Le jeune couple remercie joyeusement le prêtre. Avant que le prêtre ne parte, il est revenu et a dit : Je suis sûr que tout sera résolu avec bonheur et vous aurez certainement un enfant. Mon séjour à Rome durera environ 15 ans, mais je promets que je viendrai certainement vous voir à mon retour.

15 ans passèrent et le prêtre retourna dans sa ville. Un après-midi d'été, alors qu'il se reposait dans sa chambre à l'église, il se souvint de la promesse qu'il avait faite à ce jeune couple il y a 15 ans et décida de leur rendre visite, alors il se dirigea vers leur maison.

Lorsqu'il atteignit la résidence du couple qui l'avait consulté des années auparavant, il sonna à la porte.

Le bruit des cris et des pleurs de plusieurs enfants remplissait tout l'espace. Il était heureux et s'est rendu compte que les prières du couple avaient finalement été exaucées et qu'ils avaient eu un enfant.

Quand il est entré dans la maison, il a vu plus d'une douzaine d'enfants grimper les uns sur les autres et mettre leurs écharpes partout, et leur mère se tenait au milieu du chaos.

Le prêtre dit : Mon enfant ! Je vois que vos prières ont été exaucées... Maintenant, dites-moi où se trouve votre mari afin que je puisse le féliciter pour ce miracle.

La femme répondit désespérée : "Ce n'est pas lui..." Il vient de quitter la maison pour Rome.

Le prêtre demanda : La ville de Rome ? Pourquoi es-tu allé à Rome ?

La femme répondit : Il est allé éteindre la bougie que tu as allumée pour répondre à nos prières !

Le fils de huit ans de sa mère est mort et son père a épousé une autre femme. Un jour, son père lui a demandé : "Fils, quelle est selon toi la différence entre la première mère et la nouvelle mère ?" Le garçon répondit innocemment : « Ma première mère était une menteuse, mais ma nouvelle mère est véridique.

Le père demanda avec surprise : Comment ?

Le garçon dit : Avant, chaque fois que j'ennuyais ma mère avec mes bêtises, ma mère disait que si je l'ennuyais, il n'y aurait pas de nourriture ; Mais j'ai continué à être méchant. Cependant, à l'heure des repas, il m'appelait et me nourrissait. Mais maintenant, chaque fois que je me conduis mal, ma nouvelle mère dit qu'elle ne me nourrira pas si je n'arrête pas de me taquiner, et j'ai faim depuis un jour maintenant.

Un enfant a demandé à Dieu : Où peut-on trouver le bonheur ?

Dieu a dit : Cherchez-le dans vos désirs et demandez-moi de vous le donner.

Il réfléchit et réfléchit et dit : Si j'avais une grande maison, je serais heureux sans aucun doute.

Dieu lui a donné

Il a dit : Si j'avais beaucoup d'argent, je serais certainement la personne la plus heureuse.

Dieu lui a donné

Si..... si....... et si........

Maintenant, il avait tout, mais il n'était toujours pas content.

Il a demandé à Dieu, maintenant j'ai tout, mais je n'ai toujours pas trouvé le bonheur.

Dieu dit : Demande encore !

Il a dit : J'ai tout ce que je veux.

Il a dit : Demandez à être aimé.

Vous voulez aider les autres

Vous voulez partager tout ce que vous avez avec les gens...

Et il aimait et aidait,

Et à sa grande surprise, il vit un sourire sur ses lèvres,

Et les regards reconnaissants lui font plaisir.

Il s'est tourné vers le ciel et a dit, Dieu, le bonheur est là

Dans le regard et le sourire des autres.

Une des nuits d'hiver, j'ai vu un balayeur qui balayait la rue, et après avoir garé la voiture, j'ai pensé à lui donner de l'argent.

Au début, j'étais un peu hésitant et paresseux, mais finalement j'ai pris l'argent et je l'ai traité avec beaucoup de respect et d'amitié, je me sentais très bien et j'étais plein d'anges dans mon monde (!!)

Mais j'ai vu qu'il s'efforçait d'enlever son gant qui était collé à sa main, puis il a pris l'argent.

J'ai insisté pour que tu prennes l'argent avec son gant, il a dit : "C'est impoli, c'est la main de Dieu qui me donne de l'argent."

Deux frères travaillaient ensemble sur la ferme familiale, dont l'un était marié et avait une famille nombreuse, et l'autre était célibataire.

La nuit, les deux frères se partageaient tout, y compris les produits et le profit.

Un jour, le frère célibataire pensa à lui-même et dit :

Ce n'est pas juste que nous coupions tout en deux. Je suis célibataire et je n'ai pas d'argent, mais il dirige une grande famille.

Alors la nuit, il a pris un sac plein de blé et l'a secrètement emmené dans la grange de Baradar et l'a versé sur sa récolte.

Pendant ce temps, le frère qui était marié pensa à lui-même et dit :

Ce n'est pas juste que nous coupions tout en deux. J'ai arrangé les choses, mais il n'est pas encore marié et son avenir doit être assuré.

Alors la nuit, il a pris un sac plein de blé et l'a secrètement emmené dans la grange de Baradar et l'a versé sur sa récolte.

Les années ont passé et les deux frères se demandaient pourquoi leurs réserves de blé étaient toujours égales.

jusqu'à ce qu'une nuit noire, deux frères se rencontrent sur le chemin des entrepôts. Ils se regardèrent pendant un moment puis sans dire un mot ils posèrent leurs sacs et s'étreignirent.

Il était une fois un vieil homme connu pour sa malchance. Le vieil homme vivait dans la pauvreté et la pauvreté et pensait que la chance s'était détournée de lui et c'est pourquoi il avait de tels problèmes.

Le vieil homme, déçu de la vie et n'ayant plus d'espoir pour sa chance, a vu un jour "l'omniscient" dans son rêve. « L'Omniscient » était un vieil homme qui était chargé de diviser l'atmosphère de chance et de fortune. Le vieil homme rêva que son ruisseau chanceux était coupé et qu'il n'y avait pas d'eau qui y coulait.

Le lendemain matin, lorsque le vieil homme s'est réveillé, il a quand même décidé de trouver "l'Omniscient" et de lui demander de verser de l'eau pour sa chance, afin que la chance et la fortune se tournent à nouveau vers lui. Par conséquent, tôt le matin, il prit ses bagages de voyage et se rendit au marché, et demanda au vieil homme, qui avait connu des temps froids et chauds, de se renseigner sur "l'omniscient". Il lui a également montré le chemin de la forêt.

Lorsque le vieil homme entra dans la forêt, il rencontra un lion malade. Le lion était devenu si faible qu'il ne pouvait plus chasser les animaux les plus faibles de la forêt. Le vieil homme l'interrogea sur le jardin où travaillait "l'omniscient". Le lion a accepté de lui montrer le chemin, mais à la place, il a demandé au vieil homme de lui demander la cause et le moyen de guérir sa maladie chaque fois qu'il voyait "l'omniscient". Le vieil homme accepta et partit.

Après avoir parcouru une distance, le vieil homme atteignit un arbre qui était sec. Le vieil homme décida de se reposer à l'ombre d'un arbre puis de continuer son chemin. Le gémissement de l'arbre atteignit les oreilles du vieil homme qui ressentit une douleur intense dans ses racines.

Le vieil homme a trouvé "omniscient" de l'arbre. L'arbre s'est également présenté pour lui montrer le chemin, mais il a demandé au vieil homme de lui demander chaque fois qu'il voyait "l'Omniscient" pourquoi l'arbre qui portait des fruits jusqu'à l'année précédente s'est desséché cette année. Le vieil homme accepta et partit.

En chemin, le vieil homme est arrivé à une mer qu'il devait traverser.Le vieil homme, qui était déçu, a vu une baleine qui restait sur l'eau et ne pouvait pas aller sous l'eau. La baleine a proposé d'emmener le vieil homme de l'autre côté de l'eau avec lui, mais a plutôt demandé au vieil homme de demander la raison pour laquelle il ne pouvait pas aller sous l'eau chaque fois qu'il voyait "l'omniscient".

Le vieil homme qui a traversé l'eau est venu au jardin où l'Omniscient était le jardinier et a vu que l'Omniscient distribuait de l'eau dans les ruisseaux de la chance. Avant toute chose, il a demandé à "l'omniscient" de verser de l'eau dans son atmosphère. « L'Omniscient » a également accepté et a versé de l'eau dans le ruisseau du vieil homme avec sa pelle. Après cela, le vieil homme posa les trois questions que le lion, l'arbre et la baleine voulaient poser à "l'omniscient".

En réponse à la raison pour laquelle la baleine ne peut pas aller sous l'eau, « l'Omniscient » a dit : Il reste un diamant dans le nez de la baleine, qui bloque la voie respiratoire de la baleine, et c'est pourquoi la baleine ne peut pas aller sous l'eau. de l'eau, et quelqu'un doit. On constate qu'il frappe la tête de la baleine avec son poing pour que le diamant sorte du nez de la baleine.

En réponse à la deuxième question, pourquoi l'arbre qui portait des fruits jusqu'à l'année précédente s'est desséché cette année, a répondu : le voleur qui avait volé un coffre plein de pièces d'or et fuyait les officiers, a laissé le coffre dans Il a souillé sous les racines de l'arbre, ce qui a rendu l'arbre sec et incapable de porter des fruits. Et il faut trouver quelqu'un pour sortir ce coffre de sous terre afin que l'arbre puisse aussi porter des fruits.

référence :

- A la recherche du bonheur par Naiem ahmadinejadfarsangi

- Histoires courtes de Naiem ahmadinejadfarsangi

- Foi et vie de Naiem ahmadinejadfarsangi

- Ici le ciel est gris de Naiem ahmadinejadfarsangi

- Jours agités de Naiem ahmadinejadfarsangi

Printed by Books on Demand GmbH, Norderstedt / Germany